AF330928

LA SYRIE

A LA FRANCE

Prix : 1 Franc.

PARIS,

EN VENTE CHEZ DENTU, LIBRAIRE,

GALERIE D'ORLÉANS, PALAIS-ROYAL.

1861

LA SYRIE

A LA FRANCE.

> Occuper une contrée ravagée par des barbares
> afin d'y faire régner la justice et la paix, c'est un
> fait qui n'a rien de commun avec le droit des gens
> nouveau entre les nations civilisées; c'est un acte
> de haute humanité réclamé par le droit naturel.

1861

LA SYRIE
A LA FRANCE [1].

Exilé du Liban, je viens supplier mes frères les chrétiens. Promets-moi de m'écouter, ô France, patrie des cœurs généreux !

— Parle, pauvre Syrien, puisque tu espères quelque chose des nations de l'Occident. Dis-nous tes plaintes, formule-nous tes désirs.

— Que Dieu soit avec toi, noble enfant des Francs! Qu'il touche ton cœur et anime ton courage à la voix de nos malheurs. — Je n'espère pas également en tous les peuples de l'Occident; c'est surtout la race généreuse que je voudrais intéresser à nos infortunes; c'est la nation de Charlemagne, de Godefroy, de Louis-le-Saint; ce sont les fils des guerriers du grand vainqueur des Pyramides que je veux avoir pour sauveurs et pour appuis.

— Eh bien! tes vœux ne sont-ils pas satisfaits? Est-ce que les armes de la France ne sont pas avec toi depuis plusieurs mois déjà? N'as-tu pas éprouvé le bienfait de notre dévouement? Notre sang a coulé pour ta délivrance. Tes ennemis, épouvantés, ont fui devant tes vengeurs, et nos bataillons victorieux gardent tes foyers et t'assistent à relever tes ruines. Que veux-tu de plus? Que nous reste-t-il à faire pour toi?

— Merci, merci, ô grande nation; je te rends grâces. Tu t'es montrée digne de tes ancêtres. C'est vrai; tu as fait beaucoup pour ma triste patrie. Je t'aime. —

---

(1) Il y a deux mois que ces pages ont été écrites, sur les instances de plusieurs Syriens distingués échappés aux massacres. Nous avions d'abord renoncé à publier la prière adressée à la France par ces intéressants exilés : leur ardeur, trop orientale peut-être, semblait peu en harmonie avec le calme des lecteurs politiques de notre époque. Mais en présence des dangers nouveaux dont la sauvagerie des Druses menace les chrétiens, et surtout en voyant l'insolente connivence des fonctionnaires ottomans qui se jouent indignement de la France, nous n'hésitons plus à laisser imprimer cet écrit; s'il est lu avec quelque faveur, le produit de la vente contribuera au soulagement des victimes.

A. BARBET.

Je t'aime plus que toutes les autres, et mon amour ne s'effacera que quand j'aurai perdu la mémoire avec la vie. Ton nom, déjà béni, sera béni toujours ; mes descendants le répéteront en chantant ta victoire, jusqu'à ce que notre race s'éteigne.

— Mais ce n'est pas tout. J'attends bien plus encore de ta générosité et de ta puissance. Écoute-moi patiemment.

— Parle, pauvre Maronite, puisque tu espères tant des nations de l'Occident. Dis-nous tes plaintes et formule tes désirs.

— Il est vrai, je gémis…. Eh! grand Dieu, qui donc à ma place ne verserait point des larmes amères?— Dis-moi, noble France, tu vois ta mère respectée, ton épouse est entourée d'honneur, tes filles sont dans la joie et tes amis goûtent la paix. Ma mère, à moi, ils l'ont égorgée,… ma femme… pleurez, mes yeux,… je n'ose te redire l'outrage abominable; mes filles, elles sont perdues dans leur fleur; tous les miens, s'ils n'ont été massacrés, sont maintenant errants, dénués de tout, ou tristement à la charge de la nation hospitalière. — Comment de pareils maux pourront-ils se cicatriser? Quel baume pourra guérir mes plaies?… Je n'ai plus de villes; je n'ai plus de maisons; mes moissons sont dévastées; des ruines sanglantes sont à chaque pas devant mes yeux, et cette vue abattrait mon courage si je ne te voyais m'animer par ton énergie et m'exciter par ton aide. Excuse donc ma douleur, si elle vient encore s'exhaler devant toi, et laisse-moi te redire les causes de mon infortune, afin que tu sois toi-même plus confirmé dans ta généreuse résolution de me sauver efficacement, et que ton œuvre ne soit point éphémère, comme la rosée qui, après avoir un instant rafraîchi la plante altérée, est bientôt desséchée par un soleil dévorant.

Je sais que d'autres nations sont envieuses de ta grandeur et veillent d'un œil jaloux sur ta puissance. Elles se disent dans leur cœur, où le froid intérêt a trop d'empire, que ton noble courage pourrait bien avoir tôt ou tard une récompense qu'elles seraient bien aises de recueillir sans l'avoir méritée comme toi. Elles t'accusent d'un calcul de spéculation que la noblesse n'a point fait et qui ne convient qu'à elles-mêmes, et elles voudraient arrêter l'effet de ton bras magnanime, quand même il faudrait pour cela me laisser retomber sous les serres du vautour qui est tout prêt à s'abattre de nouveau sur moi. — Écouteras-tu leurs clameurs cupides, et, suspendant ton élan sublime, abandonneras-tu les malheureux et les orphelins que tu as une première fois arrachés à la torture? — Dis-moi, ô France, que dois-je craindre? que puis-je espérer?

— Parle toujours, Syrien, ne t'inquiète ni des clameurs ni des soupçons. Parle avec confiance, puisque c'est en moi que tu mets ton espoir. Ma volonté est aussi tenace que mon cœur est prompt à s'élancer vers le bien. Découvre-moi tes plaies, puisque tu dis qu'elles sont profondes, et ne t'occupe pas de mes intérêts, que Dieu seul est chargé de protéger. Si la connaissance intime de tes maux peut me faire deviner le remède qui leur convient, compte sur mon dévouement dans l'avenir, comme tu l'as éprouvé dans le passé.

— Ah! ils ont donc menti, ceux qui prétendent que les siècles de désintéressement ont été pour jamais emportés par le flot du temps! Toi, du moins, ô France, tu es encore et tu resteras la première des nations nobles. Sois donc reine: tu es digne du sceptre. Ton beau front est fait pour porter le diadème, parce que, de tout temps, tu as aimé à régner par les cœurs; parce que, partout, tu as cherché les opprimés pour les soustraire aux oppresseurs. Que Dieu soit avec toi! et puisse ma patrie être sauvée et régénérée par toi seule!

Tu me donnes audience, ô ma Reine. Mon âme, inondée de joie en ta présence, éprouve un vif désir de déposer d'abord à tes pieds l'hommage du peu de biens qui me restent. Laisse-moi les étaler devant toi. J'ai sujet de croire qu'ils ne sont pas sans valeur, car d'autres les ont convoités. C'est à toi que je souhaite qu'ils appartiennent, ô ma libératrice. — Regarde, voici mes présents.

L'Asie, berceau du genre humain, est bien riche, tu le sais. C'est un immense réceptacle de toutes sortes de biens, où de tout temps les peuples de l'Occident ont été chercher les richesses. Mais, depuis plusieurs siècles, le cimeterre des Turcs vous en a presque fermé l'entrée du côté de la mer qui baigne à la fois vos côtes et les tiennes, parce que partout où son joug dégradant s'est appesanti sur les épaules des peuples, la désolation et le découragement ont été ses auxiliaires et ont frappé les nations de stérilité.

Je sais que le grand héros des Pyramides et le vainqueur de Sébastopol ont conçu le dessein d'ouvrir largement l'entrée de tous ces trésors du Levant. Je sais que, plus grand et plus habile que Néchao, roi d'Égypte, ton Napoléon veut percer la mince terre qui sépare les deux mers, et que, grâce à sa volonté persévérante, cet œuvre projeté depuis le siècle des Pharaons est enfin en voie de s'accomplir sous l'impulsion du génie d'un Français. Lesseps achèvera son dessein, je l'espère pour toi et pour nous. Mais crois-tu que cette voie ouverte à tes vaisseaux ne pourrait pas un jour être fermée ou confisquée par les curieux, si un gardien fidèle ne pouvait pas se trouver qui veillât au passage, en défendît les abords et en protégeât d'assez près l'impartiale exploitation?

Tu peux compter, je le sais, sur le bon vouloir du souverain qui a su détacher l'antique Égypte du domaine allangui du Turc, et qui, inspirant à ses peuples l'amour de la civilisation, a envoyé dans les écoles de la France les plus intelligents de ses sujets, afin qu'ils revinssent implanter tout autour de lui les arts et les sciences de tes enfants, comme autrefois les disciples des sages de l'Égypte allèrent porter dans l'Occident le flambeau de leurs lumières. .

Mais es-tu bien assuré que, le règne d'un homme étant passé, celui qui lui succédera n'oubliera point les doctrines de son père? L'intérêt d'aujourd'hui pousse l'Égyptien à seconder tes désirs, parce qu'il sent le besoin de s'appuyer sur tout ce qui est fort, afin d'avoir des amis qui l'aident à grandir vis-à-vis du Turc jusqu'à devenir si fort lui-même que sa séparation d'avec Constantinople soit enfin irrévocable, et que son empire plus animé de la vie intellectuelle que celui du Sultan soit désormais capable de mépriser complétement la convoitise et la vengeance de l'Islam. Tout cela, c'est le projet et le calcul d'un homme. Mais, cet homme passé, son calcul ne pourrait-il pas n'être plus compris de celui qui viendra après lui? Et ce successeur ne pourrait-il pas, se complaisant dans la jouissance des biens une fois acquis avec ton assentiment et l'appui de ton influence, oublier tes intérêts à toi et sa dette de reconnaissance envers son protecteur?

Je sais bien ce que l'on va te dire pour répondre à mes craintes. On cherchera à établir qu'après tout tous les hommes en sont là, et que l'intérêt est le plus sûr moyen de les toucher. Ne te laisse point aller à cette désolante doctrine, ô France, ma généreuse libératrice. Pour convaincre de mensonge cette triste assertion, il suffit de citer ton exemple dans tous les temps de l'histoire: ne t'a-t-on pas trouvée partout et toujours dévouée avant tout et sans calcul, comme l'homme intrépide se précipite dans les flots pour arracher un malheureux à l'abîme qui va le dévorer, sans que le sauveur se demande d'abord s'il en aura une récompense, bien qu'il expose sa propre vie?

Je dis donc que tu ne nies point la puissance des liens de l'affection, et je te ferais injure si je m'étendais plus longuement sur cette croyance à la sympathie et au souvenir.

Mais je répète que la sympathie de l'Égypte pour toi n'est pas celle que je souhaite te voir acquérir en Orient. Écoute-moi patiemment: en voici brièvement a raison.

L'ami qu'il te faut en Orient, ce n'est pas un souverain, c'est un peuple; ce n'est pas un homme, c'est une race. Un homme oublie et meurt; une race se souvient toujours et subsiste des siècles. Les jours de l'homme *sont courts et mauvais;* son humeur est changeante et ses passions sont trompeuses; mais qui donc pourrait accuser notre race d'inconstance et de légèreté? Il y a huit cents ans que les chevaliers, ô France, sont venus faire briller à nos yeux l'espoir d'une délivrance toujours retardée; l'avons-nous oublié? Est-ce que le nom de Franc n'est pas toujours synonyme pour nous du nom de guerrier généreux, de chrétien ami de ses frères, d'homme civilisé par excellence? Nos tribus naïves ont gardé si profondément gravé dans leurs cœurs le souvenir de tes antiques

bienfaits que pour elles tout ce qui est bon et noble est appelé *Franc*; et lorsqu'elles voient un étranger venant des contrées de l'Occident, si elles le supposent chrétien, elles l'appellent *Franc*. — Voilà la vie des races, voilà la reconnaissance des peuples. Celle-là vaut mieux que les serments et les calculs d'un homme. Saïd Pacha est un bon prince; je le respecte parce qu'il est équitable, et je préférerais cent fois vivre sous son sceptre plutôt que sous le sabre du sultan; mais qu'il ne me soit pas défendu de t'offrir, moi aussi, quelque chose à titre de présent, et qu'on me laisse former avec toi un lien indissoluble d'amitié et de fraternité.

Le premier présent donc que je veux t'offrir, c'est moi-même; c'est mon amitié, c'est l'attachement de ma race tout entière. Je te donne sur moi l'empire de l'amour. Celui-là vaut mille fois mieux que l'empire de l'intérêt. Accepte, ô France bien-aimée, sois la reine de mon cœur; que ton beau front porte fièrement ce diadème. Nos fils te béniront à jamais dans tous les âges; ils répéteront ton nom avec amour en chantant tes victoires aussi longtemps que le soleil dorera nos campagnes et éclairera nos vallons. Ta gloire vivra chez nous plus longtemps que les cèdres de nos forêts; le parfum de ton souvenir sera plus doux pour nous que la myrrhe et l'encens de Saba.

Perce maintenant les terres, ouvre l'accès des mers, lance les vaisseaux vers l'Orient; cours aux Indes, vogue vers la Chine, vers l'empire de Cambodje qui *t'appelle*; que ton pavillon flotte partout sur l'Océan; mais, en passant, si tes marins fatigués veulent prendre quelque rafraîchissement, qu'ils sachent que, près du canal creusé par Napoléon, une race amie leur tend les bras et les attend pour les saluer comme des frères; qu'ils viennent un instant se reposer sur nos bords, et qu'ils sachent que là ils seront chez eux; nos foyers seront leurs foyers; un instant de relâche dans leurs rudes labeurs ranimera leurs forces et leur courage. Et si leur génie fécond nous apprend à tirer de notre sol les biens qui autrefois furent *promis* aux Hébreux, nous serons heureux de les partager avec eux et d'enrichir leur commerce en récompensant leurs bienfaits. Nos ports seront les tiens; nos villes seront françaises de cœur, et il ne tiendra qu'à toi qu'elles le deviennent par les institutions et les lois.

La terre d'Afrique, qui n'est ni plus riche ni plus fertile que la nôtre, a vu un jour descendre sur ses rivages tes marins et tes soldats, parce que ton honneur outragé avait demandé une juste réparation. Depuis lors ta sagesse et ton courage ont fondé, à la place d'un repaire de pirates, une belle et grande colonie

qui promet pour l'avenir une large compensation à tes sacrifices et à tes travaux. — Laisse-moi comparer ce succès à ceux que tu pourrais attendre à l'o-
rient de cette même terre; permets que je sonde les points d'appui de ta puissance possible là et dans notre patrie.

Il est vrai que la place conquise par tes armes en Algérie est grande et devrait
être fertile pour toi en revenus. Mais la terre, est-ce tout? Ne faut-il pas tenir
grand compte des habitants?

Or dis-moi, si l'Afrique, au lieu d'une population sauvage et brutale, avait des
races hospitalières et chrétiennes, est-ce que la sympathie, si nécessaire pour les
unions efficaces, ne serait pas déjà établie depuis longtemps entre tes aimables
enfants et les indigènes de l'Algérie? Il ne faut pas trente ans pour apprendre à
connaître, et partant pour aimer les Français. Dis-moi, es-tu bien assurée, ô
France, que tes enfants aient réellement des amis dans les vaincus barbaresques
et dans les Bédouins des montagnes? Combien vois-tu de Français partir sans
inquiétude de leur terre natale pour aller se fixer dans ton Algérie? As-tu réussi
pleinement à coloniser, et par conséquent à assurer ta conquête sur ces rivages?
Ceux de tes sujets d'origine française qui se croient en sûreté dans les terres de
l'Algérie sont-ils bien nombreux? D'où vient donc que la population de ces provinces tarde tant à se recruter abondamment dans la race française?

Le voici, tu le sais comme moi : c'est que les peuples indigènes de cette terre
d'Afrique flétrissent dans leurs cœurs d'un nom odieux tout ce qui est chrétien.
Les enfants apprennent en suçant le lait de leurs mères que pour eux un chrétien doit être un *chien*, et que le plus tôt qu'ils pourront le secouer ou l'anéantir,
ce sera le mieux. La rage, plantée dans leurs cœurs, dès leur naissance, y germe
et fermente sans cesse, et n'y produira jamais que la répulsion. Dès lors pas de
fusion possible, pas de sécurité pour tes Français en minorité, pas d'agriculture,
pas de commerce suffisamment développés.

Aurais-tu la même chose à redouter chez nous?

L'Algérien, devant toi, est un vaincu; nous, nous serions les enfants adoptifs,
et des enfants qui auraient choisi leur mère de leur propre volonté. Tandis que
l'Algérien appelle les Français *chiens* et race à exterminer, nous, nous les appe-
lons déjà sauveurs, et nous n'avons pas de plus chère ambition que de devenir
leurs frères et de les voir vivre au milieu de nous.

Quelques-uns en Europe disent que tous les cultes sont bons et qu'il faut les
respecter également. Je ne veux pas traiter avec toi cette brûlante question en
général; mais si ceux qui veulent appliquer cette doctrine à la religion de Mahomet la connaissaient autrement que de loin, ils sauraient qu'autant vaudrait
compter sur la paix avec le brigand du grand chemin, sous prétexte qu'on fera
profession de respecter ses principes. En effet, peux-tu accorder sérieusement
ton respect à la religion de Mahomet sans respecter le Coran et les prêtres mu-

sulmans? Or le Coran enseigne, outre l'abrutissement de la femme, la guerre sans esprit de retour aux chrétiens; et les prêtres ne peuvent, pour rester fidèles à leurs instincts et à leurs traditions, qu'enseigner la patience et la ruse envers les chrétiens, jusqu'à ce que l'occasion de les exécuter soit favorable; car la condamnation des chrétiens est permanente, et le moment seul de l'extermination peut être différé. Ils l'ont bien prouvé, hélas! envers nous; et, si tu nous abandonnais, ils le prouveraient bien encore. Que dis-je? ils l'ont prouvé dix fois envers toi-même, et les guerriers me l'ont dit, eux qui les ont vus de près; ils savent que jamais, tant que la doctrine de Mahomet subsistera chez ces races, la paix ne pourra être autre chose avec elles qu'une trêve forcée.

Viens, ô France, ma libératrice, viens t'établir dans ma riante patrie, ou plutôt demeures-y, puisque tes légions y ont fait sentir la puissance de leur valeur. Tu trouveras parmi nos tribus un joyeux concours à tous tes projets; la fortune et les espérances seront les nôtres; nous serons fiers, si seulement tu veux bien nous associer à tes nobles travaux. As-tu besoin, pour assurer la sécurité de ton commerce, d'avoir un pied à terre dans le fond de la mer du Levant? Veux-tu qu'à peu de distance de ce grand canal, ton splendide ouvrage, des nations amies ou des colonies prospères te servent de base d'opération ou de point de relâche? Garde-nous sous ta main magnanime; fonde parmi nous des comptoirs et des maisons de commerce; établis des magasins; creuse ou améliore nos ports; forme nos enfants à la guerre et aux arts; rends-nous Français enfin. Et tu verras si mes pensées sont légères, si mes désirs sont des illusions, si mes espérances sont des vapeurs subtiles que le moindre souffle peut faire évanouir et effacer! Que Marseille soit unie à Beyrouth et à Damas, comme deux associées ou comme deux dépendances d'une même maison; que les vallées du Liban soient ton jardin, et que notre patrie tout entière soit ton pavillon de repos sur ton passage vers l'Orient.

J'ai déposé à tes pieds, ô France, les présents que je voulais t'offrir. Je t'ai fait don de mon amour et de mon dévouement; j'ai mis à ta disposition tout ce que mon avenir peut renfermer d'espérances et de chances de prospérité. C'était mon devoir de faire quelque chose pour reconnaître tes bienfaits. — Mais j'entends déjà les envieux qui murmurent. Ils sont inquiets de me voir prêt à te faire abandon de moi-même. Il leur semble dur de penser que tu puisses avoir la meilleure part dans le reste de mes biens. — Qu'ont-ils donc à redire à cette libre résolution de ma part? Est-ce que ce n'est point mon droit de chercher à assurer ma vie, et de me donner pour cela à qui je veux, et surtout à qui mérite ma confiance et mon amour ? Est-ce qu'un pauvre esclave foulé aux pieds serait coupable en cherchant à se garantir derrière un protecteur contre les brutalités d'un maître furieux et vindicatif ? — D'autres peuples ont choisi leurs maîtres spontanément, et j'ose bien dire qu'aucun n'a eu plus de sujet que moi de faire usage de son libre arbitre en cette matière. — Mais s'il est nécessaire de prouver que les tyrans qui m'ont opprimé ont mérité mon aversion et sont cause eux-mêmes de la nécessité qui me pousse à me soustraire à leur joug, je dirai au besoin, à la face de l'univers, toutes leurs turpitudes et leurs injustices, et l'on verra si la mesure de leur iniquité n'est pas à son comble.

— Oui, Maronite, tu feras bien, avant de chercher à établir un pacte avec moi, de prouver que tu n'agis point ici par caprice ni par légèreté, et surtout que les torts ne sont point venus de ton côté. Car, si tu t'étais mal comporté envers tes anciens maîtres, tu serais peu digne de ma protection, et j'attacherais peu de prix à l'affection que tu professes pour moi.

Voyons, quels reproches sérieux peux-tu formuler contre le Gouvernement qui t'a régi jusqu'ici, et quelles sont donc les causes de cet horrible conflit dont naguère tu as été la victime ? — Réfléchis, et pèse bien tes paroles ; car, — si l'administration qui t'a gouverné jusqu'à ce jour a été paternelle ; — si les institutions et les lois que tes maîtres t'avaient données étaient sages et fortes ; — si l'autorité était capable de faire régner l'ordre et la justice chez toi ; — si elle voulait sincèrement protéger le faible contre les aggresseurs et assurer l'harmonie de tous les éléments de la société, de manière à produire la prospérité matérielle et le bonheur moral parmi les tribus, — tu aurais eu tort de songer à te séparer de tes anciens maîtres, et tu serais imprudent d'en chercher de nouveaux.

Parle donc, et établis sérieusement tes griefs.

— L'exposé de mes maux serait bien long, ô France, si je voulais en faire un tableau complet, et je doute que mes paroles puissent peindre dans toute leur vérité les misères d'un peuple soumis au régime dégradant de la Porte.

Le Turc, honteux jusque dans sa mollesse de l'abjection de ses institutions, a plusieurs fois essayé de feindre aux yeux de l'Europe le désir d'améliorer la situation morale de son empire. Il a envoyé à grands frais quelques jeunes gens dans les capitales de l'Occident pour y étudier les sciences et les arts, comme si, à leur retour, ils devaient réellement être pour lui les instruments d'un mouvement heureux vers le progrès. Mais ce que tu ne pourras croire, c'est que tout cela n'est qu'une vaine démonstration faite pour endormir la sollicitude de l'Europe et capter son approbation, (le Turc ne doit rien au Chinois en politique).

Ces jeunes gens, rentrés dans l'empire, y sont plus délaissés que s'ils n'avaient rien appris; leurs connaissances acquises deviennent pour eux, chose incroyable, un obstacle à tout avancement. — C'est que le Turc a peur de la lumière. Il sent que, pour entrer dans la voie du bien, il lui faudrait renoncer sincèrement, du fond du cœur, à sa nonchalance et à sa corruption. — Il aime bien mieux continuer de vivre d'abus et d'exactions. Que lui importent à lui la justice et les arts? Ses femmes l'endorment comme par le passé ; ses grands continuent leurs tiraillements cupides en tout sens; et, pourvu que la Porte reste debout au milieu de ces tractions bien ou mal équilibrées, elle reste indifférente aux dislocations subies par les masses.

Qu'est-ce que le Turc pour ses peuples? Est-ce un compatriote? Il ne connaît point le mot de patrie. Le Turc est encore toujours aussi étranger au milieu de ses sujets qu'au temps où il s'ouvrit une place le sabre à la main. Pour lui nul souci ni des races ni des souvenirs, ni de l'accord ni de la haine, ni de la pondération des intérêts ni de la distribution de la justice. Prolonger sa domination, continuer ses rapines, vilipender les fruits du labeur des peuples en satisfaisant ses harems et saturant ses satellites, voilà sa seule préoccupation. Ou plutôt, c'est être inexact que de le dire préoccupé, il n'a souci de rien ; il en est devenu incapable; il n'a depuis longtemps que des habitudes auxquelles il obéit machinalement. Ses palais s'écrouleraient, je crois, sur sa tête, sans qu'il sortît de sa torpeur. Le seul calcul qu'il fasse est de chercher à balancer les malheureuses races diverses qui croupissent sous sa loi. C'est lui qui fomente, quand il le juge utile à ses intérêts, les jalousies et les divisions, afin de détruire les uns par les autres tous les germes de vie et les éléments de nationalité. Ne crois point même qu'il aime les autres musulmans étrangers à sa race. Il les craint parfois, et alors il recherche pour un temps l'appui des chrétiens, en alléchant ceux-ci par une vaine espérance de soulagement et de tolérance. Mais, du jour où le chrétien paraît prendre au sérieux les promesses qu'on lui a jetées en appât, les personnages changent, les gouverneurs sont rappelés, transplantés plus loin, souvent même dans le camp opposé. Et la bascule redescend et remonte ainsi alternativement du chrétien toujours opprimé au musulman qui n'a été que pour un instant obligé à la modération. Mais jamais ni l'un ni l'autre ne voit arriver le progrès cent fois annoncé et toujours démenti; et le Turc accroupi sourit froidement à leurs déceptions réciproques, et il continue de prélever et de gaspiller des impôts. Son affaire à lui ce n'est point la justice ni le bien-être public; il n'a de considération que pour ce qui fournit à ses luxurieuses dépenses. Peu lui importe que les administrations publiques fonctionnent ou n'existent pas, que la régularité soit observée dans l'État, ou qu'il n'y ait d'État

que sur le papier? Tout lui est bon, pourvu que lui et sa race continuent de
dominer. Il ne s'est point mêlé aux autres; il est resté en dehors de la grande
famille de ses peuples; il n'y a pour lui ni patrie, ni honneur, ni désir sérieux
d'être utile à qui que ce soit; il ne connaît que le *moi*, et le présent, l'avenir
même ne le touchent pas; et c'est à peine s'il se souvient qu'il a des enfants pour
lesquels il pourrait songer au lendemain, car ses enfants sont ceux de ses femmes,
mais sont-ils bien autre chose pour lui que des élèves de quelque troupeau?

— Tu t'animes, Syrien, tu dis des vérités bien sévères et je t'engage à te
calmer. Parle-moi, s'il se peut, aussi froidement que si tu n'avais point de sujet
de t'indigner; je veux t'aider à mettre de l'ordre dans tes assertions, et les
redresser si tu t'écartes de l'impartialité. Je vois en effet que tu oublies, ou que
du moins tu passes sous silence les Tanzimats du Hatti-Humaïoun, cette grande
loi d'émancipation que j'ai contribué à faire octroyer aux chrétiens de l'empire
du Sultan. Est-ce que depuis lors tu n'étais pas soumis à un régime plus
équitable, et ne serait-ce point par l'immodération de tes désirs que tu as irrité
l'Islam et attiré sur ta tête la colère sauvage des Druses?

— Je ne m'étonne point de ta question, et j'allais te présenter la réponse.
O noble nation! mère de la liberté des peuples, cette réponse m'est bien facile
quand elle s'adresse à toi. En effet, d'abord le Hatti-Humaïoun n'établissait point
encore pour les chrétiens l'égalité devant la loi, puisque, même sous ce régime,
l'accès des emplois publics et des fonctions de l'État ne nous est point encore
ouvert librement; mais c'est précisément la promulgation du Hatti-Humaïoun qui
a surexcité contre nous la vieille haine des musulmans. Ils voulaient bien
auparavant nous souffrir à titre de tolérance volontaire; mais, aussitôt qu'ils ont
songé que cette tolérance, jusque-là tout arbitraire et chèrement achetée par
nous au prix de nos contributions et de nos humiliations, allait devenir pour les
chiens de chrétiens un droit consacré et proclamé par la loi, oh! alors, ils ont
crié à l'usurpation et à l'insolence; ils ont pensé et ils ont dit que cette loi,
obtenue par l'Europe, était imposée à la Porte, et que dès lors elle était un
démembrement de l'empire du Sultan et une dérogation au droit de la suprématie
musulmane. Là-dessus, s'armant de tout ce que le Coran et ses prêtres leur
distillent sans cesse de sentences de mort contre les chrétiens, ils n'ont pas
tardé à jurer qu'ils se vengeraient, et le complot, sourdement tramé, s'est enfin
exécuté avec l'audace qu'a le tigre lorsqu'il bondit sur une proie guettée à
l'avance et prise au dépourvu.

Ainsi, tu le vois, c'est la libérale volonté elle-même que ces monstres ont
voulu combattre; c'est ce Tanzimat d'émancipation, en grande partie ton ouvrage,
qu'ils ont voulu anéantir. Aussi aveugles que féroces ils se sont dit : si nous ne
pouvons abolir le Tanzimat, exterminons ceux pour qui il a été fait. Les
insensés! ils n'ont point pensé que la main de la France, qui a été assez forte

pour tenir celle du Sultan écrivant le Tanzimat, serait assez puissante aussi pour en sanctionner l'exécution. Ils peuvent bien se moquer de nous, qui affaiblis par un long esclavage n'avons point assez de séve de nationalité pour opposer une digue suffisante aux déportements de leur barbarie; mais ils ne se moqueront point impunément de toi, n'est-il pas vrai, France? Je vois à ton côté un glaive, qui est celui de la justice autant que de la force; ce n'est point un cimeterre recourbé comme le croissant, c'est l'épée droite surmontée de la Croix; c'est la vengeresse de tous les droits violés; c'est ma protectrice déjà, elle sera mon appui pour toujours; je le désire, je te le demande, tu le voudras, j'oserais presque dire tu le dois.

— Mais prends donc garde, pauvre exilé. Je crains que ta douleur ne s'égare dans tes plaintes, et que tu n'exagères la vérité en étendant à tous les torts trop odieux de quelques-uns. L'atrocité dont ta race a été la victime, c'est le crime des Druses, mais du moins le Turc n'en est point coupable. C'est pour le Turc, sais-tu bien? que j'ai versé à profusion et mon sang et mes trésors dans une guerre meurtrière; eh bien! dois-je voir volontiers la Porte participer à ton aversion parce que les Druses ont massacré les tiens?

— Eh! qu'importe que le Turc n'ait point lui-même porté les coups, s'il a applaudi et consenti à l'infernale conjuration, s'il s'est réjoui à la vue du Druse brandissant son coutelas sur ma tête, et s'il a protégé les égorgements? Ignores-tu qu'il était présent à cette horrible saturnale? Au lieu de souffrir l'exécution des complots sanguinaires, est-ce que son alliance avec toi ne lui commandait pas de les prévenir, comme son devoir de souverain lui imposait l'obligation de les arrêter à temps? Est-ce que le Turc ne se moque point lui-même de toi et de ton humanité, même depuis que tes guerriers sont accourus pour sauver nos restes dispersés? Et qui donc a aidé les coupables à se soustraire au châtiment? Qui les aide encore, à l'heure qu'il est, à cacher et conserver leur inique butin? N'est-ce point le Turc qui a feint de marcher à l'avant-garde à la poursuite des malfaiteurs, afin de leur ouvrir ses rangs à point nommé, au moment juste où il pouvait les cerner et les prendre? C'est lui qui les a volontairement laissés fuir et reculer bien loin à l'abri de tes armes. Et à la fin, de même que ses soldats avaient prêté la main aux massacres, ils ont pris leur part au butin. On pouvait bien s'y attendre, après avoir vu tes services récompensés peu auparavant par le massacre de ton consul à Djeddah, et quand on songe que le pacha ordonnateur de cette trahison a pu être un instant désigné pour venir jouer en Syrie le rôle de pacificateur! — Va! ne défends point le Turc, il ne t'aime ni ne te respecte; rien n'égale son astuce en politique; et, si sa race était moins épuisée par sa débauche séculaire, il y a longtemps que son cœur, de glace aujourd'hui, aurait cherché à laver dans ton sang les concessions qu'il a dû faire à ton esprit de justice, et qu'il regarde pour lui comme autant d'humiliations.

Tout cela est d'accord avec ses dispositions habituelles et anciennes envers nous. Tu me parlais des Tanzimats du Hatti-Humaïoun ; ces lois sont bonnes, si nous les comparons à l'arbitraire qui a toujours tenu lieu de règle à nos gouverneurs ; mais, quelque belles qu'elles soient, elles ne sont pour nous qu'une lettre morte. — Que dirait-on en France d'un gouvernement qui enverrait pour juges dans une ville des hommes complétement étrangers aux coutumes et *à la langue du pays?* C'est cependant ainsi que nous sommes gouvernés. Chaque année, les chefs de l'Islam à Constantinople vendent pour un an les fonctions de juges dans les provinces, et nous voyons arriver chez nous pour magistrats des hommes qui, tout à fait dépourvus des connaissances nécessaires à leurs attributions, ne comprennent seulement pas notre langue, car notre langue diffère autant du turc que le français de l'allemand. — Ces juges ne rendent pas la justice ; ils vendent leurs sentences au plus offrant. — Pour exercer leur charge, ils sont obligés d'avoir recours à l'intermédiaire d'interprètes, qui eux aussi trafiquent et cabalent dans les procès : insolents cerbères de ces tribunaux, sanctuaires du despotisme, ils exigent une triple pâture avant que d'en permettre l'entrée, et leur servile avidité n'a d'autre terme que la pauvreté des justiciables. Après les cadeaux aux subalternes, il faut fournir les présents au juge, et ceux-ci sont aussi sans règle et sans tarif. Il faut bien que le magistrat récupère largement le montant de l'enchère qu'il a mise sur sa charge, et il n'a qu'une année pour en regagner l'importance et doubler sa fortune par ses bénéfices !

Ton équité et ta libéralité se révoltent à l'idée de pareilles exactions. Voilà pourtant l'organisation de la justice du Turc. Et je ne compte pas les impôts que nous payons directement à l'État pour obtenir ces tristes semblants de juridiction.

Que ne pourrais-je point dire du reste de l'administration et de toutes les malversations qui s'accomplissent sans qu'aucun contrôle vienne les dévoiler, sans qu'aucune plainte des peuples en obtienne ni le châtiment ni la réparation ? — Je te fatiguerais à t'énumérer toutes ces turpitudes. J'aime mieux laisser à tes braves soldats et à leurs dignes officiers le soin de te les exposer, quand ils te rendront compte de leur séjour parmi nous.

— Syrien, je vois que tu as de grands sujets de douleur. J'ai entendu tes plaintes. Maintenant presse tes conclusions, et réponds-moi.

Ton peuple a-t-il joui de la liberté à laquelle tout homme a un droit imprescriptible ?

— Sous le Turc, et depuis que les Croisés sont disparus, nous n'avons jamais été que de malheureux esclaves torturés et exploités de toute manière.

— Les Tanzimats du Hatti-Humaïoun te promettaient-ils au moins l'égalité devant la loi ?

— Non : le Tanzimat n'a jamais effacé l'infériorité des chrétiens, inscrite dans les usages et consacrée par les préceptes du Coran. L'eût-il fait, que toutes les races ennemies du nom chrétien, nos voisines, l'eussent rendu inexécutable par leur opposition.

— Tu n'as donc point de code de lois, ni de règles administratives qui assurent le respect des personnes et des biens?

— Pas d'autre code certain que la suprême autorité du Coran, et celui-ci est le répertoire de toutes les formules de sentences pour la condamnation sans appel des chrétiens ; c'est le Coran qui fournit les prétextes et qui consacre les exactions dont nous sommes les victimes.

— Mais, dis-moi, ne portes-tu point les armes, et n'as-tu point accès dans l'armée à tous les grades en qualité de sujet de la Porte?

— Erreur : le Tanzimat nous promettait l'option entre le service militaire et l'exonération à prix d'argent; le Turc refuse nos services et ne veut accepter que notre argent; nous avons cela de plus à payer qu'autrefois. D'ailleurs nous sommes exclus des grades militaires comme des charges civiles ; tout cela est réservé à la race turque. La seule magistrature qui nous soit abordable est celle des tribunaux de commerce, et encore, là aussi, l'indépendance du juge devient illusoire, parce que les membres de ces mejlès se rendent adjudicataires des biens affermés par l'État et négligent pour cela même leurs fonctions consulaires.

— Tout cela est pitoyable! Mais au moins ton gouvernement a quelque sollicitude pour tes intérêts matériels et ton instruction : il soigne les routes, veille à la sûreté publique, entretient les canaux, administre les forêts, favorise le commerce, encourage l'industrie et fonde des écoles?

— Il n'a jamais songé à tout cela. — L'Égypte, sous l'impulsion de Saïd Pacha, est, en comparaison de mon pauvre pays, un véritable paradis terrestre. Là il y a des routes et des canaux, et des chemins de fer, et des télégraphes, et des écoles, et des académies; là tous les sujets sont au moins presque également protégés par l'autorité, sauf des privilèges laissés encore aux musulmans par préférence aux chrétiens. Je vois avec envie le bonheur de ces peuples, et je m'estimerais heureux si je pouvais avoir comme eux l'autonomie et une existence séparée de la Porte, si seulement je pouvais leur être annexé et devenir Égyptien. Tunis même est entré dans la voie du progrès, et le bey qui y règne essaye de marcher sur les traces de Saïd Pacha. Bientôt ces provinces, excitées par leur contact avec les Européens, auront des institutions qui feront le bonheur de leurs peuples. Mais nous, nous sommes délaissés par le Turc comme tout le reste de son empire; le désordre et l'incurie règnent chez nous sans lueur d'espérance. Le Turc est indifférent à toute pensée de progrès et de civilisation pour la Syrie:

l'expérience m'a prouvé depuis longtemps qu'il ne faut rien attendre de son initiative. La mollesse a désormais anéanti chez lui tous les germes de bon vouloir : il est usé ; la sève de la vie s'est desséchée dans ses veines ; c'est un arbre qui n'a jamais porté que de mauvais fruits ; son ombre n'a été pour nous que l'ombre de la mort : délivre-nous de son froid glacial ! prends-nous sur ton aile, ô France, mère de la Liberté ; réchauffe-nous dans ton sein, et allaite-nous du lait des forts, qui a fait de tes enfants les héros de toutes les gloires et les instigateurs de tous les progrès.

— Que me demandes-tu là, enfant du Liban ! Voudrais-tu donc devenir Français !

— Ah ! tu l'as dit, ô ma Reine ! *être Français, c'est le rêve de nos ancêtres.* Accomplis-le et tu combleras tous nos vœux. Souviens-toi de Napoléon Ier et de Louis XIV ; montre-toi plus puissante aujourd'hui qu'au temps de Charlemagne et de Philippe-Auguste. Ce que ces grands princes auraient voulu faire, que ton Empereur l'exécute. Nous avons le tombeau du Sauveur des hommes ; c'est dans notre patrie qu'il est né et qu'il a passé sa vie ; la terre témoin de la rédemption du genre humain ne saurait rester toujours en la possession de l'ennemi du nom chrétien. — Il manque une gloire à Napoléon III, il n'y a plus qu'un lot à ajouter à l'héritage destiné à son fils : que les Lieux Saints soient une province française, et la dynastie des Bonaparte sera plus illustre que toutes celles que l'histoire a enregistrées. — La politique a ses inquiétudes et ses obscurités ; je sais que plusieurs puissances ambitionnent la possession de cette petite terre de la Syrie ; mais, j'en ai pour garant l'éclat de ta splendeur, ô France ! si toutes hésitent à prendre cette place où je t'appelle de mes vœux, aucune n'osera s'opposer au fait lorsqu'il sera accompli. Puisqu'elles n'ont point pu jusqu'ici réaliser le désir qu'elles auraient eu de se poser parmi nous, elles avouent tacitement que ce trône ne leur était point destiné. Tes légions ont pris pied sur notre terre ; qu'elles y restent malgré les murmures : César a bien conquis la Gaule malgré Rome elle-même ! N'accepteras-tu pas un empire où la population t'appelle, où ton honneur est déjà engagé, où ta puissance est la seule respectée depuis des siècles ? Oui, j'en jure par la gloire, par la valeur, par ton amour pour l'humanité, par ta foi et ton rang de première entre les nations chrétiennes, tu te laisseras proclamer l'instrument de Dieu pour nous garder, comme tu as été son bras pour nous secourir. Notre sang lâchement versé a crié vengeance vers le ciel ; il a été bu par la même terre qu'arrosa autrefois celui du Fils de Dieu : qu'il soit le germe de la délivrance si longtemps désirée des Lieux Saints, et que le Liban et Jérusalem resplendissent désormais parmi les perles de ton diadème. Sois ma Reine, ô France ! et Dieu te bénira.

Paris, imprimerie de Paul Dupont, rue de Grenelle Saint-Honoré, 45 (489)

www.ingramcontent.com/pod-product-compliance
Lightning Source LLC
LaVergne TN
LVHW050301030726
842520LV00006B/2502